Alice Hart

mes recettes bio et saines au son d'avoine

photographies de Deirdre Rooney

LES PETITS PLATS
MARABOUT
ORIGINAUX & AUTHENTIQUES
DEPUIS L'AN 2000

sommaire

Petits plats salés

Petits plats sucrés

qu'est-ce que le son d'avoine ?

L'avoine, Avena sativa, *est une plante cultivée comme céréale, à grains très durs. Elle est généralement commercialisée sous forme de gruau, de flocons ou de farine. Elle sert à confectionner le fameux « porridge » mais aussi du pain, des biscuits et des gâteaux. Dans cet ouvrage, nous avons privilégié le son d'avoine pour ses qualités nutritives.*

On trouve du son dans le gruau et les flocons, mais on le trouve aussi sous sa forme pure. Le son d'avoine pur est l'ingrédient principal commun à toutes les recettes de ce livre. Il ne provient pas de l'enveloppe de la graine mais de la pellicule extérieure située juste sous l'enveloppe, là où sont concentrées la plupart des fibres et des substances nutritives. Le son est donc particulièrement riche en substances bénéfiques.

Les bienfaits du son d'avoine

Les bienfaits du son d'avoine sont très nombreux :

De toutes les céréales, l'avoine est la plus riche en fibres solubles. Ces fibres solubles gonflent dans l'estomac, engendrant une sensation durable de satiété tout en ralentissant la conversion en énergie par l'organisme du son lui-même et des aliments consommés en même temps. Le son d'avoine, antifringale par excellence, vous aidera à garder la ligne. Les fibres solubles entraînent une réduction de 10 % des graisses absorbées au niveau de l'intestin grêle.

Les fibres solubles présentes dans le son d'avoine favorisent le développement des « bonnes » bactéries du système digestif tout en empêchant la prolifération des « mauvaises ». En outre, des études montrent que le gluten contenu dans l'avoine est généralement bien toléré par les personnes ayant un peu de mal à digérer le gluten du blé.

Le son d'avoine est particulièrement recommandé pour les diabétiques du fait de sa capacité à diminuer l'indice glycémique des aliments ingérés en même temps que lui. En pratique, cela veut dire que le son d'avoine, en freinant l'absorption des glucides, empêche la brusque montée du taux de sucre dans le sang, après un repas. Le bêtaglucane, fibre soluble contenue dans le son d'avoine, contribue à réduire le « mauvais » cholestérol (le LDL cholestérol). Il y a donc une corrélation entre la consommation de son d'avoine et la diminution des risques cardiovasculaires.

L'avoine constitue une excellente source de manganèse, de magnésium, de phosphore et de sélénium. Elle est également riche en vitamine E, bénéfique pour les cheveux, les ongles et la peau, et en vitamine B1, laquelle aide l'organisme à convertir le sucre en énergie. C'est aussi une bonne source de protéines non animales, donc idéale pour les végétariens.

De nombreuses recettes de ce livre utilisent également du son de blé. Le son de blé est plus foncé que le son d'avoine et sa texture fait penser à de la sciure de bois. On apprécie son pouvoir texturant et son petit goût de noisette. Excellente source de fibres, le son de blé regorge également de minéraux essentiels.

Où trouver du son d'avoine ?

Bien que les supermarchés commencent à proposer du son d'avoine, vous trouverez probablement le son le plus pur, le plus naturel, dans les magasins bio. Veillez à toujours vous procurer du son avec label biologique, sans additifs.

Achetez votre son d'avoine en petites quantités (1 kg à la fois, cela suffit largement pour une utilisation quotidienne), dans une boutique avec une bonne rotation des marchandises. En effet, les protéines contenues dans le son d'avoine, ainsi que les acides gras oméga, finissent par rancir au bout d'un certain temps.

son d'avoine, mode d'emploi

Comment le conserver ?

Vous pouvez conserver votre son d'avoine jusqu'à deux mois dans un endroit frais, à l'abri de la lumière. Les bocaux pour conserves (Le Parfait, par exemple), que l'on peut fermer hermétiquement, sont idéaux. Vérifiez la date limite de consommation sur le paquet. Si vous l'achetez en vrac, assurez-vous que le son est bien pur, qu'il dégage un parfum frais (et non de renfermé), et qu'il est bien sec.

Comment l'utiliser ?

Bien qu'il ne puisse pas toujours remplacer la farine de blé, le son d'avoine est incroyablement polyvalent. On peut en faire des crêpes, des muffins, des crumbles, du muesli, du porridge, du pain…

Dans ce livre, nous avons essayé d'utiliser le son d'avoine d'une manière qui soit compatible avec un régime pauvre en graisses et en sucres, mais riche en fibres et en protéines, avec des idées de recettes fraîches et saines. Les recettes proposées sont également pauvres en sodium pour empêcher la rétention d'eau par l'organisme. Libre à vous de rajouter un peu de sel.

Comment le cuire ?

Pour les recettes de ce livre, nous avons utilisé le moins de gras possible. N'hésitez pas à investir dans du matériel de cuisson antiadhésif et en silicone. Une poêle à revêtement antiadhésif vous permettra en effet de cuire des crêpes ou des burgers sans adjonction d'huile. Tapis de cuisson et moules en silicone (moule à pain, à muffins ou à madeleines…) vous permettront de démouler facilement gâteaux et pains, sans les abîmer.

Choisir des édulcorants naturels

Les recettes sucrées de cet ouvrage proposent systématiquement un choix de plusieurs sucres et substituts naturels que l'on peut trouver dans tous les magasins bio. Généralement, les recettes sont peu sucrées, afin de ne pas masquer les saveurs des ingrédients.

Le son d'avoine possède un très faible indice glycémique. De ce fait, manger un gâteau ou un biscuit à base de son d'avoine n'entraîne pas une augmentation soudaine du taux de sucre dans le sang, contrairement à un biscuit ou un gâteau à base de farine blanche. Dans les recettes, nous proposons des substituts naturels au sucre :

• LE XYLITOL est un polyol (sucre alcool) naturel extrait de fibres végétales. Alors qu'il possède le même pouvoir sucrant que le saccharose, son apport calorique est en revanche inférieur d'un tiers.

• LE FRUCTOSE (sucre des fruits) ou le sirop d'agave sont des sucres naturels au pouvoir plus sucrant que le saccharose. Dans une recette, vous pouvez remplacer le sucre classique par du fructose ou du sirop d'agave, en diminuant la quantité d'environ un tiers. Le sirop d'agave étant liquide, il ne convient pas toujours, notamment pour des recettes où un apport de liquide pourrait avoir une influence sur le résultat final.

• LA STÉVIA, aussi appelée l'« herbe à sucre », peut être utilisée en quantité minime pour un effet sucré, avec un minimum de calories. La stévia contient une substance, la « stevioside », au pouvoir sucrant trois cents fois plus élevé que le saccharose, dans sa forme la plus concentrée. La stévia est recommandée pour les diabétiques et pour les personnes qui veulent éviter le sucre.

La stévia liquide - utilisée dans ce livre –, est plus facile à incorporer et à mesurer que la stévia en poudre.

1 CUP
250 ml
STAINLESS
CHINA

les petits plus qui font la différence

Il est très facile de cuisiner avec le son d'avoine. Vous pourrez remplacer quelques cuillerées de farine blanche par la même quantité de son d'avoine, notamment pour confectionner du pain, un gâteau ou des muffins. Les idées qui suivent sont compatibles avec un régime riche en protéines et pauvre en glucides.

1 / au petit déjeuner

ajoutez un peu de son d'avoine dans un yaourt nature maigre. Sucrez à volonté. Ajoutez du muesli au son d'avoine et/ou une portion de fruits pauvres en sucre (fruits rouges, poire, pomme ou grenade).

2 / mixez

un peu de son d'avoine dans un blender avec une poignée de fruits rouges et du yaourt nature maigre. Ajoutez du lait écrémé et des graines de vanille et vous obtiendrez un smoothie riche en fibres et sain. Sucrez à volonté avant de servir.

3 / enrobez

avant de les cuire (à la poêle ou au four), croquettes de poisson et escalopes de poulet d'un mélange de son d'avoine, d'épices et de fines herbes. Mélangez du son d'avoine avec des épices broyées (grains de poivre, cumin, coriandre) et/ou du zeste d'agrume finement râpé. Vous pouvez aussi ajouter des fines herbes ciselées. Plongez des filets de poisson (sans la peau), des escalopes de poulet ou des boulettes de viande dans de l'œuf battu puis enrobez-les du mélange parfumé précédent. Faites cuire dans une poêle antiadhésive ou faites griller jusqu'à obtention d'une enveloppe bien dorée.

4 / épaississez

vos soupes en ajoutant une cuillerée ou deux de son d'avoine, quelques minutes avant la fin de la cuisson. Ajoutez-en notamment dans une soupe de tomates relevée ou dans un bouillon de légumes.

5 / ajoutez

du son d'avoine à vos salades, pour les enrichir en fibres solubles. Mélangez du son à du blanc d'œuf et du fromage frais allégé, jusqu'à obtention d'une pâte. Étalez cette pâte sur une plaque de cuisson tapissée de papier sulfurisé et faites cuire dans un four préchauffé à 180 °C (th. 6) jusqu'à ce que le dessus soit doré. Cassez en morceaux et parsemez sur des salades colorées, pour une touche croustillante.

6 / préparez

des crêpes et des galettes riches en protéines et pauvres en glucides. Mélangez du fromage frais allégé avec du son et un peu d'œuf battu (ou du blanc d'œuf en cas de problème de cholestérol). Sucrez à volonté. Étalez des cuillerées de pâte dans une poêle antiadhésive chaude et faites dorer des deux côtés. Dégustez ces galettes nature ou agrémentez-les d'un filet de poisson, de feuilles de salade, de fines herbes, de yaourt, de fruits rouges ou de compote.

7 / confectionnez

une farce à base d'oignons réduits, de céleri, d'ail, d'estragon frais, d'un zeste de citron, d'œuf battu et de son d'avoine. Cette farce se marie bien à la volaille... Aussi, vous pouvez ajoutez à cette farce du poulet haché, de la dinde pour confectionner des boulettes ou un pain.

8 / pour vos tartes

pensez au son d'avoine. Fouettez 1 œuf avec 4 cuillerées à soupe de yaourt maigre, 4 cuillerées à soupe de son d'avoine, 2 cuillerées à soupe de son de blé et, au choix, des fines herbes, du zeste d'agrumes râpé ou du sucre. Étalez cette pâte dans un moule tapissé de papier sulfurisé et faites cuire à blanc, pendant environ 15 mn au four préchauffé à 180°C (th.6).

9 / garnissez

vos fruits cuits d'un mélange croustillant à base de son. Mélangez 4 c. à soupe de son d'avoine, 2 cuillerées à soupe de son de blé, 1 c. à soupe de fromage frais allégé, 1 blanc d'œuf battu en neige ferme et ½ cuillerée à café de levure chimique. Sucrez. Servez ce mélange sur une compote de fruits légèrement sucrée. Faites cuire pendant environ 20 minutes à 180 °C (th. 6) jusqu'à ce que la garniture soit dorée.

2
3
5
6
8
9

POUR 2 GROS MUFFINS / PRÉPARATION : 15 MINUTES / CUISSON : ENVIRON 22 MINUTES

muffins aux épinards et cœur de fromage frais

Il vous faut :

560 g de feuilles d'épinards
2 c. à s. de son d'avoine
1 c. à s. de son de blé
4 c. à s. de lait écrémé en poudre
1/2 c. à c. de levure chimique
1/4 c. à c. de noix de muscade fraîchement râpée
1 œuf battu légèrement
20 g de fromage frais allégé parfumé à l'ail (du Boursin, par exemple)

Préchauffez le four à 180 °C (th. 6). Tapissez deux ramequins de papier sulfurisé.

Lavez les épinards, égouttez-les soigneusement et hachez-les grossièrement. Mettez-les dans une cocotte et faites chauffer à feu moyen jusqu'à ce qu'ils commencent à ramollir. Laissez refroidir.

Mélangez ensemble dans un grand saladier les épinards froids, le son d'avoine, le son de blé, le lait en poudre, la levure, la noix de muscade et l'œuf.

Répartissez la moitié de la préparation dans les ramequins, déposez 10 g de fromage frais sur la pâte, dans chaque ramequin, puis couvrez avec le reste de préparation aux épinards.

Mettez au four et faites cuire environ 20 minutes, jusqu'à ce que les muffins soient gonflés et dorés.

Laissez reposer 5 minutes. Démoulez après avoir glissé la lame d'un couteau entre les muffins et les parois des moules, ou servez ces muffins encore chauds sans les démouler.

POUR 1 PAIN / PRÉPARATION : 15 MINUTES / CUISSON : 25 À 30 MINUTES

pain d'avoine au poivron et au jambon de Parme

Il vous faut :

4 c. à s. de son d'avoine
2 c. à s. de son de blé
5 œufs battus légèrement
3 c. à s. de fromage frais allégé
8 c. à s. de lait écrémé en poudre
7 g de levure déshydratée instantanée
2 poivrons rouges marinés (en conserve), égouttés et coupés en morceaux
20 g de jambon de Parme taillé en petits morceaux (sans le gras)

Pour servir, il vous faut :

quelques feuilles de salade

Préchauffez le four à 190 °C (th. 6-7). Tapissez de papier sulfurisé un moule à pain d'une contenance de 500 g. Placez dans le four sur une grille, à mi-hauteur, un grand plat à rôtir à bords hauts, rempli à demi d'eau bouillante.

Mélangez le son d'avoine et le son de blé dans un grand saladier. Ajoutez les œufs, le fromage frais, le lait en poudre et la levure, et mélangez soigneusement avec une cuillère en bois.

Versez la moitié de la pâte dans le moule, répartissez les poivrons et le jambon par-dessus, recouvrez du reste de pâte et lissez la surface.

Sortez délicatement la grille du four et placez le moule à pain dans le plat rempli d'eau bouillante. Faites cuire 25 à 30 minutes, jusqu'à ce que le pain soit doré et ferme au toucher.

Sortez le moule du plat sans vous brûler et laissez refroidir avant de démouler. Coupez des tranches et servez accompagné de feuilles de salade.

POUR 2 PERSONNES / PRÉPARATION : 15 MINUTES / CUISSON : 10 MINUTES

rouleaux à l'aubergine et à la feta

Il vous faut :

1 aubergine coupée en tranches fines
huile d'olive (si possible en spray)
2 c. à s. de son d'avoine
1 c. à s. de son de blé
3 c. à s. de yaourt nature maigre
1 œuf
1 c. à s. de coriandre fraîche ciselée ou de persil
40 g de feta allégée, râpée ou morcelée

Pour servir, il vous faut :

quelques feuilles de salade
des tomates cerises coupées en deux

Préchauffez le gril du four (température moyenne).

Vaporisez très légèrement les tranches d'aubergine d'huile d'olive si vous avez un spray, sinon, passez dessus un pinceau ou un papier absorbant très peu imprégné d'huile. Étalez les tranches sur une grille et faites-les griller 2 minutes de chaque côté.

Mélangez dans un saladier le son d'avoine, le son de blé, 2 cuillerées à soupe de yaourt, l'œuf et la coriandre ciselée.

Faites chauffer à feu moyen une poêle antiadhésive de 20 cm de diamètre. Versez la moitié de la préparation dans la poêle chaude et faites cuire 1 à 2 minutes jusqu'à ce que la galette soit légèrement dorée. Retournez cette galette et faites-la cuire encore 1 minute. Faites cuire l'autre galette.

Mélangez dans un bol la feta et le reste de yaourt. Étalez ce mélange sur les galettes refroidies, répartissez par-dessus les tranches d'aubergine puis ajoutez des feuilles de salade et quelques tomates cerises coupées en deux. Enroulez et servez.

POUR 2 PERSONNES / PRÉPARATION : 15 MINUTES / CUISSON : 120 MINUTES

petites galettes à la courgette et à la ricotta

Pour la sauce tomate, il vous faut :
200 g de tomates concassées en boîte
1 gousse d'ail pilée
10 cl de bouillon de légumes
1/2 c. à c. de graines de cumin (facultatif)
poivre noir fraîchement moulu

Pour les galettes, il vous faut :
1 courgette de taille moyenne
100 g de ricotta allégée
1 blanc d'œuf
2 c. à s. de son d'avoine
2 c. à s. de basilic frais ciselé
poivre noir fraîchement moulu

Pour servir, il vous faut :
de la salade, type roquette

Préparez la sauce tomate. Mettez les tomates, l'ail, le bouillon et les graines de cumin (facultatif) dans une petite casserole. Faites frémir 10 minutes à feu doux, en remuant souvent. Poivrez selon votre goût puis réservez.

Pendant ce temps, parez la courgette et râpez-la grossièrement. Essorez-la soigneusement dans un torchon de cuisine propre puis mettez-la dans un grand saladier, avec la ricotta, le blanc d'œuf, le son d'avoine et le basilic. Mélangez et poivrez.

Faites chauffer une poêle antiadhésive à feu moyen.

Quand la poêle est bien chaude, déposez-y des cuillerées à soupe de pâte à la courgette, en les espaçant soigneusement, et laissez-les dorer2 minutes de chaque côté. Retirez les galettes de la poêle et faites cuire le reste de pâte (vous devez obtenir de six à huit galettes au total).

Réchauffez la sauce tomate. Servez les petites galettes à la courgette avec la sauce tomate et une salade.

POUR 4 PERSONNES / PRÉPARATION : 25 MINUTES / CUISSON : QUELQUES MINUTES

salade croquante et sauce au yaourt et au son d'avoine

Pour la sauce, il vous faut :

3 c. à s. de son d'avoine
200 g de yaourt nature maigre
3 c. à s. de jus de citron jaune
2 c. à s. de persil frais ciselé ou de cerfeuil

Pour la salade, il vous faut :

1/2 grenade
300 g de haricots verts parés
1/2 oignon rouge coupé en tranches très fines
400 g de chou rouge émincé
2 bulbes de fenouil parés, coupés en deux et émincés
2 c. à s. de feuilles de cresson

Préparez la sauce. Faites griller le son d'avoine à feu moyen dans une poêle à frire bien sèche, en remuant fréquemment, jusqu'à ce que le son embaume et soit légèrement doré. Versez le son dans un bol, avec le yaourt, le jus de citron et le persil, mélangez soigneusement puis réservez.

Préparez la salade. Épluchez la grenade et retirez-en les graines, puis réservez. Plongez les haricots verts dans de l'eau bouillante, dans une cocotte, et laissez frémir 4 minutes. Rincez-les sous l'eau froide et égouttez-les soigneusement.

Versez les haricots verts, l'oignon, le chou et le fenouil dans un grand saladier, arrosez de sauce et mélangez bien. Avant de servir, parsemez de graines de grenade et de feuilles de cresson.

POUR 6 GROS MUFFINS ET 18 CROSTINIS / PRÉPARATION : 20 MINUTES / CUISSON : 30 MINUTES + REFROIDISSEMENT

crostinis au son d'avoine avec asperges, cottage cheese et germes de petits pois

Pour les crostinis, il vous faut :

2 œufs
30 cl de lait écrémé
3 c. à s. de fromage frais allégé
7 g de levure déshydratée instantanée
250 g de son d'avoine
50 g de son de blé
1/2 c. à c. de sel (facultatif)

Pour la garniture, il vous faut :

1 gousse d'ail coupée en deux
300 g d'asperges parées
200 g de cottage cheese
le zeste finement râpé d'un citron jaune
poivre noir fraîchement moulu
50 g de germes de petits pois

Préchauffez le four à 180 °C (th. 6). Préparez un moule à muffins en silicone de six alvéoles ou garnissez un moule à muffins traditionnel de caissettes en papier.

Mélangez les œufs, le lait, le fromage frais et la levure dans un grand saladier. Ajoutez le son d'avoine, le son de blé et le sel (facultatif) et mélangez à nouveau.

Répartissez cette pâte dans les alvéoles du moule et faites cuire 20 à 25 minutes au four, jusqu'à ce que les muffins soient dorés et légèrement gonflés. Démoulez et laissez refroidir complètement sur une grille.

Préchauffez le gril du four à température moyenne. Coupez chaque muffin en trois horizontalement et disposez ces tranches sur une plaque de cuisson. Faites dorer les crostinis 1 minute de chaque côté, puis sortez-les du four et frottez-les avec la partie tranchée de l'ail.

Faites blanchir les asperges pendant 4 minutes dans de l'eau bouillante, puis rincez-les sous l'eau froide et égouttez-les. Mélangez le cottage cheese et le zeste de citron dans un bol, poivrez selon votre goût.

Répartissez les asperges, le cottage cheese et les germes de petits pois sur les crostinis et servez.

POUR 2 PERSONNES / PRÉPARATION : 15 MINUTES / CUISSON : 10 MINUTES

petites crêpes au saumon fumé

Il vous faut :
1 c. à s. de feuilles de roquette hachées
2 blancs d'œufs
4 c. à s. de fromage frais allégé
4 c. à s. de son d'avoine
2 c. à s. de son de blé
2 œufs battus légèrement
poivre noir fraîchement moulu

Pour servir, il vous faut :
4 tranches de saumon fumé
20 g de feuilles de roquette

Mettez la roquette, les blancs d'œufs, 2 cuillerées à soupe de fromage frais et 1 cuillerée à soupe d'eau dans un saladier, et mélangez avec une fourchette jusqu'à obtention d'une pâte lisse. Incorporez ensuite le son d'avoine et le son de blé.

Faites chauffer une grande poêle antiadhésive à feu moyen. Déposez 2 ou 3 cuillerées à soupe de pâte dans la poêle, et étalez-les légèrement pour obtenir des petites crêpes. Faites cuire 1 à 2 minutes de chaque côté. Pendant que vous faites cuire les autres crêpes, maintenez celles déjà cuites au chaud, dans un four doux, emballées dans du papier aluminium.

Mélangez les œufs battus et le reste de fromage frais dans un bol, puis faites cuire ce mélange à feu doux dans une casserole à fond antiadhésif, en le remuant avec une cuillère en bois, jusqu'à obtention d'une préparation grumeleuse. Poivrez selon votre goût.

Répartissez les crêpes sur deux assiettes chaudes, avec les œufs brouillés, du saumon fumé et de la roquette.

tarte au saumon, aux oignons caramélisés et à l'estragon

Pour la pâte à tarte, il vous faut :

2 œufs

3 c. à s. de yaourt maigre

4 c. à s. de son d'avoine

2 c. à s. de son de blé

Pour la garniture, il vous faut :

huile d'olive (si possible en spray)

2 oignons rouges coupés en deux et émincés

20 cl de bouillon maigre, de légumes ou de poule

1 blanc d'œuf

1 œuf

10 cl de lait écrémé

150 g de filet de saumon frais sans la peau, coupé en morceaux de 2 cm

2 c. à s. d'estragon frais ciselé

Préchauffez le four à 180 °C (th. 6) et tapissez de papier sulfurisé un plat à tourte en céramique de 20 cm de diamètre.

Préparez la pâte. Mélangez les œufs et le yaourt dans un grand saladier, puis ajoutez le son d'avoine et le son de blé et mélangez à nouveau. Versez cette pâte dans le plat à tourte, et lissez-la en la faisant remonter le long du bord pour former une « cuvette » peu profonde.

Mettez le plat au four et faites cuire 12 minutes, jusqu'à ce que la pâte soit ferme.

Pendant ce temps, vaporisez d'huile d'olive une poêle à frire si vous avez un spray, sinon, passez sur le fond un pinceau ou un papier absorbant très peu imprégné d'huile. Faites-y fondre les oignons 10 minutes à feu doux, puis augmentez légèrement le feu et versez un peu de bouillon. Faites cuire encore 10 minutes en remuant constamment et en ajoutant du bouillon au fur et à mesure que le liquide s'évapore. Continuez ainsi jusqu'à ce que les oignons soient fondants et dorés et qu'il n'y ait plus de liquide dans la poêle. Réservez.

Mélangez l'œuf, le blanc d'œuf et le lait dans un bol, avant d'ajouter les oignons caramélisés, le saumon et l'estragon ciselé. Versez cette préparation sur la pâte et faites cuire encore environ 20 minutes au four. Servez aussitôt ou laissez refroidir avant de déguster.

POUR 2 PERSONNES / PRÉPARATION : 15 MINUTES / CUISSON : 5 MINUTES

filets de poisson au son et à la coriandre, salade betterave-fenouil

Il vous faut :

2 petites betteraves crues, brossées
6 radis brossés
1 bulbe de fenouil paré
1 c. à s. d'aneth frais ciselé
le jus et le zeste finement râpé de 1/2 citron jaune
1/2 c. à c. de moutarde à l'ancienne
poivre noir fraîchement moulu
huile d'olive pour graisser la plaque de cuisson (facultatif)
120 g de son d'avoine
1 c. à s. de graines de coriandre pilées grossièrement
1 œuf battu légèrement
6 filets de rouget ou 4 petits filets de bar

Pour servir, il vous faut :

de la salade verte
2 quartiers de citron

Préparez la salade. Taillez les betteraves, les radis et le fenouil en tranches très fines avec un couteau bien aiguisé. Placez les légumes émincés dans un grand saladier puis ajoutez l'aneth, le jus et le zeste de citron ainsi que la moutarde. Mélangez et poivrez selon votre goût.

Préchauffez le gril du four à température moyenne. Posez un tapis de cuisson en silicone sur une plaque de cuisson ou huilez très légèrement cette dernière.

Mélangez le son d'avoine et les graines de coriandre dans un petit bol, puis étalez ce mélange dans une assiette. Versez l'œuf battu dans une écuelle.

Plongez les filets de poisson dans l'œuf puis dans le mélange son-coriandre, et tournez-les pour bien les enrober.

Faites griller les filets pendant environ 5 minutes en les tournant une fois en milieu de cuisson. Servez ces filets bien dorés, avec la salade de betteraves au fenouil, une salade verte et quelques quartiers de citron.

POUR 2 PERSONNES / PRÉPARATION : 20 MINUTES + RÉFRIGÉRATION / CUISSON : 45-50 MINUTES + REFROIDISSEMENT

boulettes de dinde, sauce à l'aubergine et au yaourt

Pour les boulettes, il vous faut :
1/2 c. à c. d'huile d'olive environ, pour graisser la poêle et la plaque de cuisson
1 petit oignon haché finement
3 tranches de jambon de Parme taillées en petits morceaux (sans le gras)
20 g de son d'avoine
400 g de viande de dinde hachée
1 c. à s. de concentré de tomate
1 œuf battu légèrement
2 c. à s. de basilic ciselé
sel, poivre

Pour la sauce, il vous faut :
1 grosse aubergine
1/4 de c. à c. d'huile d'olive environ
150 g de yaourt grec maigre
1 c. à c. de graines de cumin grillées
1 c. à s. de basilic frais ciselé

Commencez par les boulettes. Faites chauffer la moitié de l'huile d'olive dans une poêle à frire, à feu doux. Quand l'huile est chaude, mettez-y à cuire l'oignon et le jambon à feu doux pendant 5 minutes, en remuant souvent. Quand l'oignon est translucide, retirez la poêle du feu et laissez refroidir.

Versez le contenu de la poêle dans un saladier, ajoutez le son d'avoine, la viande hachée, le concentré de tomate, l'œuf et le basilic. Assaisonnez légèrement de sel et de poivre et mélangez. Placez pendant au moins 1 heure au réfrigérateur.

Pendant ce temps, préchauffez le four à 200 °C (th. 7). Tapissez de papier aluminium une grande plaque de cuisson, puis huilez très légèrement le papier avec le reste d'huile d'olive.

Piquez l'aubergine avec une fourchette et faites-la cuire au four pendant environ 30 minutes. Tournez ensuite l'aubergine et poursuivez la cuisson jusqu'à ce qu'elle soit fondante et que sa peau soit toute noire. Laissez refroidir.

Quand l'aubergine est suffisamment refroidie pour être manipulée, pelez-la. Mettez la chair de l'aubergine dans une passoire et laissez égoutter pendant 2 minutes au-dessus de l'évier. Placez ensuite la chair dans un bol, avec le yaourt, le cumin et le basilic, et mélangez avec une fourchette.

Façonnez environ seize boulettes avec la préparation à la dinde. Posez les boulettes sur la plaque de cuisson recouverte de papier aluminium huilé, en les espaçant largement. Faites-les cuire pendant 15 à 20 minutes au four à 200 °C (th. 7), en retournant les boulettes à mi-cuisson, jusqu'à ce qu'elles soient bien dorées. Servez accompagné de sauce à l'aubergine et au yaourt.

POUR 2 PERSONNES / PRÉPARATION : 20 MINUTES + REFROIDISSEMENT (FACULTATIF) / CUISSON : 25 MINUTES

blancs de poulet farcis au son d'avoine, au basilic, à la ricotta et aux tomates séchées

Il vous faut :

2 c. à s. de ricotta allégée
1 c. à s. de son d'avoine
1 c. à s. de câpres rincées et égouttées
4 tomates séchées (non marinées) hachées
1 c. à s. de basilic ciselé
poivre noir fraîchement moulu
2 blancs de poulet sans la peau
4 tranches de jambon de Parme maigre

Pour servir, il vous faut :

des légumes vapeur

Mélangez la ricotta, le son d'avoine, les câpres, les tomates séchées et le basilic dans un saladier, et poivrez généreusement.

Incisez profondément chaque blanc de poulet, et farcissez la viande avec la préparation à la ricotta. Enveloppez chaque blanc ainsi farci dans 2 tranches de jambon, maintenues avec un bâtonnet en bois. Vous pouvez faire cuire aussitôt ou conserver au réfrigérateur (au maximum pendant 24 heures) pour une utilisation ultérieure.

Préchauffez le four à 190 °C (th. 6-7). Tapissez de papier sulfurisé une grande plaque de cuisson. Disposez les blancs de poulet sur la plaque et faites cuire pendant 25 minutes. Vérifiez la cuisson en enfonçant la lame d'un couteau tranchant dans la partie la plus charnue d'un blanc : si du jus transparent s'écoule, le poulet est cuit. Servez ces blancs de poulet avec des légumes vapeur tels que des haricots verts ou du potiron.

POUR 4 GROS BURGERS (OU 8 PETITS) / PRÉPARATION : 20 MINUTES + REFROIDISSEMENT / CUISSON : 15 À 20 MINUTES

burgers au tofu, son d'avoine et légumes

Il vous faut :

1 œuf

1 gousse d'ail pilée

1 c. à c. de gingembre râpé finement

1 piment rouge épépiné et haché finement

le zeste finement râpé d'un citron vert

300 g de tofu ferme, fumé ou nature, râpé grossièrement

4 oignons de printemps parés et hachés finement

1 carotte de taille moyenne râpée finement

50 g de champignons hachés finement

4 c. à s. de son d'avoine

2 c. à s. de coriandre fraîche ciselée

sel et poivre noir fraîchement moulu

Pour servir, il vous faut :

8 feuilles de salade de votre choix

1 ou 2 tomates

8 tranches de pain au son d'avoine (voir page 38)

coriandre fraîche ciselée

yaourt nature maigre

Fouettez l'œuf, l'ail, le gingembre, le piment et le zeste de citron dans un petit bol, puis réservez.

Mettez les ingrédients restants, à l'exception de l'assaisonnement, dans un grand saladier et mélangez soigneusement. Ajoutez la préparation à l'œuf et mélangez à nouveau. Salez et poivrez selon votre goût. Placez pendant au moins 1 heure au réfrigérateur.

Préchauffez le four à 200 °C (th. 7). Tapissez une grande plaque de cuisson de papier sulfurisé.

Façonnez quatre grosses boulettes (ou huit petites) avec le mélange au tofu et au son d'avoine, aplatissez-les ensuite légèrement et posez-les sur la plaque de cuisson, en les espaçant largement.

Enfournez et laissez cuire pendant 15 à 20 minutes, jusqu'à ce que les « burgers » soient bien dorés.

Servez ces burgers végétariens avec une salade ou glissés entre 2 tranches de pain au son d'avoine, avec quelques feuilles de salade, 1 tranche de tomate, de la coriandre ciselée et un peu de yaourt nature maigre.

POUR 2 PERSONNES / PRÉPARATION : 15 MINUTES / CUISSON : 55 MINUTES

courges butternuts farcies

Il vous faut :

2 petites courges butternuts avec une base ronde
1 c. à s. de feuilles de thym
15 cl de lait
1 c. à s. de son d'avoine
2 œufs
1/2 c. à c. de noix de muscade râpée
100 g de pain au son d'avoine, coupé en petits morceaux
100 g de feuilles d'épinards, lavées et égouttées
60 g de mozzarella allégée, coupée en dés
sel et poivre noir fraîchement moulu

Préchauffez le four à 190 °C (th. 6-7).

Coupez la partie supérieure des courges de manière à ne garder que la base arrondie, avec un trou, et éliminez les graines avec une cuillère. Coupez les tiges des courges pour fabriquer les « couvercles ». Salez et poivrez légèrement puis posez les courges sur une plaque de cuisson, avec les couvercles.

Mettez au four et faites cuire pendant 20 minutes, jusqu'à ce que la chair soit fondante et dorée.

Pendant ce temps, mélangez dans un bol le thym, le lait, le son d'avoine, les œufs et la noix de muscade. Salez et poivrez selon votre goût, ajoutez les morceaux de pain et réservez.

Pelez la partie supérieure des courges et coupez la chair en dés de 2 cm. Prélevez 150 g de chair (utilisez le reste pour confectionner une soupe ou un plat de légumes vapeur) que vous ferez cuire à la vapeur pendant environ 8 minutes. Une minute avant la fin de la cuisson, ajoutez les épinards. Égouttez soigneusement les légumes et ajoutez-les à la préparation au lait et aux œufs.

Farcissez les deux courges, parsemez-les de mozzarella et faites-les cuire au four pendant environ 25 minutes, jusqu'à ce que la farce bouillonne et dore. Posez les couvercles et servez bien chaud.

POUR 4 PETITES CRÊPES / PRÉPARATION : 15 MINUTES / CUISSON : 4 À 7 MINUTES

mini-crêpes épaisses au fromage frais et aux tomates

Pour la pâte à crêpes, il vous faut :
2 c. à s. de son d'avoine
1 c. à s. 1/2 de fromage frais allégé
1 gros blanc d'œuf battu légèrement
une pincée d'herbes de Provence (facultatif)
sel
huile végétale pour graisser la poêle à frire

Pour la garniture, il vous faut :
4 petites tomates allongées (type roma ou olivette, par exemple) coupées en deux
1/2 gousse d'ail
2 c. à s. de fromage frais allégé
5 olives noires dénoyautées et émincées
3 feuilles de basilic frais hachées + quelques feuilles pour servir
poivre noir fraîchement moulu

Préchauffez le gril du four (température élevée).

Préparez la garniture. Placez les demi-tomates sur une plaque de cuisson, côté coupé vers le haut, et faites-les griller pendant 2 à 3 minutes, jusqu'à ce qu'elles commencent à noircir. Réservez. Dans un bol, mélangez le fromage frais avec la moitié des olives et le basilic ciselé, poivrez légèrement.

Préparez la pâte à crêpes. Mélangez le son d'avoine, le fromage frais, le blanc d'œuf et les herbes de Provence (facultatif) dans un grand saladier, salez légèrement (facultatif).

Faites chauffer une grande poêle antiadhésive à feu moyen. Si nécessaire, huilez très légèrement la poêle. Déposez quatre cuillerées à soupe de pâte dans la poêle, en l'étalant légèrement, de manière à obtenir quatre petites crêpes. Faites cuire pendant 1 à 2 minutes, jusqu'à ce que des bulles remontent à la surface, puis retournez les crêpes et faites-les cuire pendant encore 1 à 2 minutes.

Frottez les crêpes sur une face avec l'ail, puis répartissez dessus la préparation au fromage frais. Décorez avec les tomates grillées, le reste d'olives et quelques feuilles de basilic.

Vous pouvez préparer de plus petites crêpes en déposant des cuillerées à café de pâte dans la poêle. Proposez-les éventuellement en apéritif, garnies de crème au fromage frais et de petites tomates cerises.

POUR 1 PETIT PAIN / PRÉPARATION : 10 MINUTES / CUISSON : 30 MINUTES ENVIRON (CONSULTEZ LE MODE D'EMPLOI DE VOTRE MACHINE)

pain au son d'avoine en machine à pain

Pour un pain de 500 g environ, il vous faut :

20 cl de lait écrémé

2 œufs battus légèrement

4 c. à s. de fromage frais allégé

7 g de levure déshydratée instantanée

250 g de son d'avoine

50 g de son de blé

1/2 c. à c. de sel de mer fin (facultatif)

Programmez votre machine à pain sur « pain complet, rapide ».

Mélangez tous les ingrédients dans la cuve de votre machine à pain. Glissez la cuve dans l'appareil et mettez en marche.

Quand le programme est terminé, démoulez le pain et laissez-le refroidir sur une grille.

POUR 2 PERSONNES / PRÉPARATION : 5 MINUTES / CUISSON : 2 À 3 MINUTES PAR CRÊPE

crêpes faciles au son d'avoine

Il vous faut :
1 c. à s. de yaourt nature maigre ou de yaourt au soja
1 œuf
1 blanc d'œuf
2 c. à s. de son d'avoine
1 c. à s. de son de blé

Fouettez le yaourt, l'œuf entier et le blanc d'œuf à la fourchette dans un saladier, puis ajoutez le son d'avoine et le son de blé et mélangez.

Faites chauffer une poêle antiadhésive à feu doux-moyen. Déposez deux cuillerées à soupe de pâte dans la poêle chaude et étalez-la jusqu'à obtention d'une crêpe mince. Faites cuire pendant 1 à 2 minutes à feu doux, tournez délicatement la crêpe avec une spatule et faites cuire pendant encore 1 minute.

Quand la crêpe est légèrement dorée, faites-la glisser sur une assiette puis cuisez les autres crêpes. Maintenez les crêpes au chaud dans un four doux le temps de toutes les cuire ou laissez-les refroidir pour les déguster froides.

pour les salées...

Posez un œuf poché sur chaque crêpe. Ajoutez un peu de jambon cuit taillé en petits morceaux, parsemez d'estragon ciselé et servez, avec de la moutarde.
Préparez une pâte en travaillant les ingrédients suivants dans un robot : 2 cuillerées à soupe de fromage frais allégé, le jus et le zeste finement râpé de 1/2 citron jaune, 3 cuillerées à soupe de germes de soja frais ou surgelés (préalablement décongelés), ½ gousse d'ail et 15 à 20 feuilles de basilic frais. Ajoutez un peu d'eau pour rendre la pâte plus crémeuse. Étalez ce mélange sur les crêpes cuites puis ajoutez quelques crevettes cuites, des dés de poulet, un peu de thon en boîte, de truite fumée ou de mozzarella. Posez une seconde crêpe sur la garniture.

pour les sucrées...

Sucrez du yaourt maigre avec une touche d'édulcorant et parfumez-le avec une pointe de cannelle moulue
Étalez ce yaourt sur les crêpes chaudes ou froides puis coupez des parts.
Parsemez les crêpes chaudes d'un peu de fructose, d'une pointe de zeste de citron râpé et d'un trait de jus de citron. Enroulez et servez.

POUR 12 À 16 CARRÉS / PRÉPARATION: 15 MINUTES / CUISSON : 30 À 35 MINUTES

carrés au son et aux fruits rouges

Pour les baies, il vous faut :
500 g de fruits rouges frais ou surgelés
6 c. à s. de sucre non raffiné*
** Vous pouvez remplacer le sucre par autant de xylitol, ou 4 c. à s. de fructose ou de sirop d'agave, ou 3 c. à s. de stévia liquide.*

Pour la pâte, il vous faut :
2 œufs
30 cl de lait écrémé
4 c. à s. de fromage frais allégé
4 c. à s. de sucre non raffiné*
300 g de son d'avoine
2 c. à s. de fécule de maïs
3/4 de c. à c. de levure chimique
1 c. à c. de cannelle en poudre
** Vous pouvez remplacer le sucre par autant de xylitol, ou 3 c. à s. de fructose ou de sirop d'agave, ou 2 c. à s. de stévia liquide.*

Préchauffez le four à 180 °C (th. 6). Tapissez de papier sulfurisé un moule carré de 20 cm de côté.

Mettez les fruits rouges et le sucre choisi dans une petite casserole et faites chauffer pendant 5 minutes à feu doux, jusqu'à ce que les baies commencent à éclater. Laissez refroidir.

Préparez la pâte. Mélangez les œufs avec le lait, le fromage frais et le sucre de votre choix dans un saladier, jusqu'à obtention d'une pâte lisse. Ajoutez le son d'avoine puis la fécule, la levure et la cannelle tamisées et mélangez intimement.

Versez la moitié de la pâte dans le moule puis étalez les fruits rouges par-dessus. Versez ensuite le reste de pâte sur les fruits ; vous n'arriverez probablement pas à les recouvrir parfaitement. Ce n'est pas grave : contentez-vous d'étaler la pâte le plus uniformément possible.

Faites cuire au four pendant 25 à 30 minutes, jusqu'à ce que le dessus soit doré. Laissez reposer au moins 30 minutes dans le moule avant de découper des parts. Servez tiède ou froid. Vous pourrez conserver ces carrés jusqu'à trois jours au frais, dans un récipient hermétique.

POUR 1 PETIT PAIN ET 4 PORTIONS DE COMPOTE / PRÉPARATION : 20 MINUTES / CUISSON : 30 MINUTES ENVIRON

pain au son et compote de rhubarbe

Pour le pain, il vous faut :

5 œufs
4 c. à s. de fromage frais allégé
7 g de levure déshydratée instantanée
6 c. à s. de son d'avoine
2 c. à s. de son de blé
6 c. à s. de lait écrémé en poudre

Pour la compote de rhubarbe, il vous faut :

250 g de rhubarbe parée et coupée en tronçons de 4 cm
5 c. à s. de sucre non raffiné*

** Vous pouvez remplacer le sucre par autant de xylitol, ou 4 c. à s. de fructose ou de sirop d'agave, ou 2 ½ c. à s. de stévia liquide.*

Préchauffez le four à 180 °C (th. 6). Tapissez de papier sulfurisé un moule à pain d'une contenance de 500 g.

Fouettez les œufs, le fromage frais et la levure dans un grand saladier, jusqu'à obtention d'une pâte lisse. Ajoutez le son d'avoine, le son de blé et le lait, et mélangez soigneusement.

Versez la pâte dans le moule et faites cuire au four pendant environ 30 minutes, jusqu'à ce que le pain soit gonflé et doré. Vous devrez peut-être poser un morceau de papier aluminium sur le pain en cours de cuisson pour éviter qu'il ne brûle. Laissez reposer pendant 5 minutes avant de démouler, puis mettez le pain à refroidir sur une grille. Ce pain supporte bien la congélation.

Préparez la compote. Mettez la rhubarbe, 1 cuillerée à soupe d'eau et le sucre choisi dans une casserole. Couvrez et faites cuire pendant environ 4 minutes à feu doux, jusqu'à ce que la rhubarbe soit juste fondante.

Laissez la compote refroidir légèrement puis servez-la, avec le pain. Vous pouvez, si vous le souhaitez, faire griller les tranches de pain. La compote se conserve jusqu'à cinq jours au réfrigérateur.

POUR 2 GALETTES / PRÉPARATION: 15 MINUTES / CUISSON : 25 À 30 MINUTES

galettes aux pommes et à la cannelle

Pour les galettes, il vous faut :

2 blancs d'œufs

2 c. à s. de fromage frais allégé

1 c. à s. de sucre non raffiné*

2 c. à s. de son d'avoine

1 c. à s. de son de blé

** Vous pouvez remplacer le sucre par autant de xylitol, ou 2 c. à C. de fructose ou de sirop d'agave, ou 1 ½ c. à C. de stévia liquide.*

Pour la garniture, il vous faut :

2 c. à s. de compote de pommes sans sucre

1 ½ c. à s. de sucre non raffiné*

2 pommes coupées en quatre puis en tranches fines

1 c. à c. de cannelle en poudre

** Vous pouvez remplacer le sucre par autant de xylitol, ou 1 c. à s. de fructose ou de sirop d'agave, ou 2 c. à c. de stévia liquide.*

Préchauffez le four à 190 °C (th. 6-7). Tapissez une grande plaque de cuisson de papier sulfurisé.

Mélangez les blancs d'œufs, le fromage frais et le sucre de votre choix dans un grand saladier, puis incorporez le son d'avoine et le son de blé.

Versez la pâte sur la plaque de cuisson, de manière à obtenir deux disques identiques, d'un diamètre d'environ 12 cm. Faites cuire au four pendant 10 à 15 minutes, jusqu'à ce que la pâte soit ferme.

Réduisez la température du four à 180 °C (th. 6). Étalez 1 cuillerée à soupe de compote sur chaque galette et disposez les lamelles de pomme par-dessus, en éventail. Mélangez le sucre de votre choix avec la cannelle dans un bol, et saupoudrez-en les galettes.

Remettez les galettes au four pour 15 minutes, jusqu'à ce que le dessus commence à dorer. Servez chaud, tiède ou froid.

mm!

bouchées aux fraises

Pour les bouchées, il vous faut :
4 c. à s. de son d'avoine
2 c. à s. de son de blé
4 c. à s. de lait écrémé en poudre
1 c. à c. de levure chimique
4 c. à s. de yaourt nature maigre
4 œufs
4 c. à s. de sucre non raffiné*
1 gousse de vanille fendue ou 1 c. à c. d'extrait de vanille
100 g de fraises coupées en morceaux

** Vous pouvez remplacer le sucre par autant de xylitol, ou 3 c. à s. de fructose ou de sirop d'agave, ou 2 c. à s. de stévia liquide.*

Pour la garniture, il vous faut :
2 c. à s. de fromage frais allégé
½ c. à s. de sucre non raffiné,*
quelques fraises en lamelles pour décorer

** Vous pouvez remplacer le sucre par autant de xylitol, de fructose ou de sirop d'agave, ou ½ c. à café de stévia liquide.*

Préchauffez le four à 180 °C (th. 6) Préparez un moule en silicone à alvéoles en forme de cœur (8 alvéoles), ou garnissez de caissettes en papier un moule traditionnel de 12 petites alvéoles.

Mélangez soigneusement le son d'avoine, le son de blé et le lait dans un saladier. Grattez les graines de vanille avec un petit couteau.

Fouettez dans un saladier le yaourt avec les œufs, le sucre de votre choix et la moitié des graines de vanille (ou la moitié de l'extrait). Ajoutez le contenu du premier saladier puis les fraises et mélangez pour bien les répartir dans la pâte.

Répartissez la préparation dans les alvéoles du moule et faites cuire au four pendant environ 25 minutes, jusqu'à ce que le dessus soit doré. Laissez refroidir dans le moule ou dans les caissettes, sur une grille.

Préparez la garniture. Fouettez dans un récipient le fromage frais avec le sucre choisi et le reste de vanille. Déposez ½ cuillerée à café de garniture sur chaque petit gâteau et décorez avec une lamelle de fraise.

muffins aux myrtilles

Il vous faut :
4 c. à s. de yaourt nature maigre
4 œufs
4 c. à s. de sucre non raffiné*
8 c. à s. de son d'avoine
4 c. à s. de son de blé
1 c. à c. de levure chimique
1 c. à c. de cannelle en poudre
150 g de myrtilles fraîches
ou surgelées

* *Vous pouvez remplacer le sucre par autant de xylitol, ou 3 c. à s. de fructose ou de sirop d'agave, ou 2 c. à s. de stévia liquide.*

Préchauffez le four à 180 °C (th. 6). Préparez un moule à muffins en silicone de 6 alvéoles ou garnissez de caissettes en papier un moule à muffins traditionnel.

Fouettez le yaourt, les œufs et le sucre de votre choix dans un bol. Ajoutez le son d'avoine, le son de blé, la levure, la cannelle et les myrtilles, et mélangez.

Répartissez la pâte dans les alvéoles du moule et faites cuire au four pendant environ 30 minutes, jusqu'à ce que le dessus soit doré. Démoulez et laissez refroidir sur une grille.

POUR 12 PETITS MUFFINS / PRÉPARATION : 20 MINUTES / CUISSON : 15 À 20 MINUTES

muffins à l'orange et au gingembre

Pour les muffins, il vous faut :
huile végétale pour graisser le moule (facultatif)
4 c. à s. de son d'avoine
2 c. à s. de son de blé
1/2 c. à c. de levure chimique
1/2 c. à c. de gingembre en poudre
le zeste finement râpé de 1/2 orange
2 œufs
1 ½ c. à s. de yaourt nature maigre
2 c. à s. de sucre non raffiné*
** Vous pouvez remplacer le sucre par autant de xylitol, ou 1 ½ c. à s. de fructose ou de sirop d'agave, ou 1 c. à s. de stévia liquide.*

Pour le sirop, il vous faut :
1 c. à s. de sucre non raffiné*
le zeste finement râpé de ½ orange
3 c. à s. de jus d'orange frais
** Vous pouvez remplacer le sucre par autant de xylitol, ou 2 c. à c. de fructose ou de sirop d'agave, ou ½ c. à s. de stévia liquide.*

Préchauffez le four à 180 °C (th. 6). Préparez un moule à muffins en silicone, si vous en avez un. Sinon, garnissez de caissettes en papier un moule à petits muffins traditionnel ou huilez très légèrement les alvéoles.

Mélangez dans un saladier le son d'avoine, le son de blé, la levure et le gingembre, ainsi que le zeste d'orange. Fouettez les œufs, le yaourt et le sucre de votre choix dans un autre récipient, ajoutez le contenu du saladier et mélangez.

Répartissez la pâte dans les alvéoles du moule et faites cuire au four pendant 15 à 20 minutes, jusqu'à ce que les petits muffins soient gonflés et dorés.

Pendant ce temps, mélangez tous les ingrédients du sirop.

Si le moule utilisé n'est pas en silicone, ou si les alvéoles n'ont pas été huilées, détachez les muffins des parois des alvéoles avec un couteau, mais ne les démoulez pas. Si vous avez utilisé des caissettes en papier, posez les muffins sur une grille, dans leurs caissettes. Quand ils sont encore chauds, percez les muffins avec la pointe d'un couteau. Arrosez-les de sirop puis laissez-les refroidir dans leur moule.

Prestige

petits gâteaux à la carotte et au citron, glaçage au fromage frais

Pour les gâteaux, il vous faut :

4 c. à s. de fromage frais allégé
4 œufs
4 c. à s. de sucre non raffiné*
le zeste finement râpé de 1 citron jaune
1 carotte râpée finement
8 c. à s. de son d'avoine
4 c. à s. de son de blé
1 c. à c. de levure chimique
1/2 c. à c. de quatre-épices

** Vous pouvez remplacer le sucre par autant de xylitol, ou 3 c. à s. de fructose ou de sirop d'agave, ou 2 c. à s. de stévia liquide.*

Pour le glaçage, il vous faut :

100 g de fromage frais allégé
2 c. à s. de sucre non raffiné*
le zeste finement râpé de 1/2 citron jaune
1 c. à c. de jus de citron jaune
quelques lames de zeste de citron pour décorer

** Vous pouvez remplacer le sucre par autant de xylitol, ou 1 ½ c. à s. de fructose ou de sirop d'agave, ou 1 c. à s. de stévia liquide.*

Préchauffez le four à 180 °C (th. 6). Préparez un moule à muffins en silicone de 6 alvéoles ou garnissez de caissettes en papier un moule traditionnel de 12 petites alvéoles.

Mélangez dans un grand saladier le fromage frais, les œufs, le sucre de votre choix, le zeste de citron et la carotte râpée. Ajoutez le son d'avoine, le son de blé, la levure et le quatre-épices et mélangez soigneusement avec une grande cuillère.

Répartissez la pâte dans les alvéoles du moule (ou dans les caissettes) et faites cuire au four pendant 25 à 30 minutes, jusqu'à ce que le dessus soit doré. Démoulez et laissez refroidir sur une grille.

Pendant ce temps, préparez le glaçage. Mélangez dans un bol le fromage frais, le sucre de votre choix, le zeste et le jus de citron.

Étalez le glaçage sur les gâteaux froids avec une palette, et décorez avec quelques lames de zeste.

POUR 20 MINIMADELEINES OU 10 MADELEINES CLASSIQUES / PRÉPARATION : 10 MINUTES / CUISSON : 10 OU 20 MINUTES

petites madeleines aux deux sons

Il vous faut :

huile végétale pour graisser le moule (facultatif)

2 c. à s. de fromage frais allégé

2 œufs

2 c. à s. de sucre non raffiné*

1 c. à c. de zeste de citron jaune ou d'orange, ou ½ c. à c. d'extrait de vanille

3 c. à s. de son d'avoine

1 c. à s. de son de blé

1 ½ c. à s. de fécule de maïs

½ c. à c. de levure chimique

** Vous pouvez remplacer le sucre par autant de xylitol, ou 1 ½ c. à s. de fructose ou de sirop d'agave, ou 1 c. à s. de stévia liquide.*

Préchauffez le four à 180 °C (th. 6). Utilisez si possible un moule à madeleines en silicone. Si vous n'avez qu'un moule métallique, huilez très légèrement chaque alvéole.

Fouettez le fromage frais, les œufs et le sucre de votre choix dans un grand saladier, jusqu'à obtention d'un mélange lisse. Ajoutez le zeste d'agrume ou la vanille puis incorporez le son d'avoine, le son de blé, la fécule et la levure tamisées. Mélangez le tout avec une cuillère en métal.

Répartissez la pâte dans les alvéoles du moule et faites cuire au four pendant 10 minutes s'il s'agit de minimadeleines et 20 minutes s'il s'agit de madeleines plus grosses, jusqu'à ce que le dessus soit légèrement doré. Tapotez pour démouler et laissez refroidir sur une grille.

POUR 8 COOKIES / PRÉPARATION : 10 MINUTES / CUISSON : 8 À 10 MINUTES

cookies avoine-chocolat

Il vous faut :
1 œuf
2 c. à s. de sucre non raffiné*
1 c. à s. de cacao en poudre tamisé
1 c. à s. de lait écrémé en poudre
1 c. à s. de fécule de maïs tamisée
2 c. à s. de son d'avoine
1 c. à s. de son de blé
1/2 c. à c. de levure chimique
3 caramels sans sucre, pilés (facultatif)

** Vous pouvez remplacer le sucre par autant de xylitol, ou 1 ½ c. à s. de fructose ou de sirop d'agave, ou 1 c. à s. de stévia liquide.*

Préchauffez le four à 180 °C (th. 6). Tapissez une grande plaque de cuisson de papier sulfurisé.

Mettez tous les ingrédients dans un grand saladier, à l'exception des caramels, et mélangez soigneusement avec une cuillère en bois.

Déposez 8 cuillerées à café bombées de pâte sur la plaque de cuisson. Pendant la cuisson, la pâte va s'étaler légèrement : espacez donc largement les petits tas de pâte. Parsemez de caramels pilés (facultatif) et faites cuire au four pendant 8 à 10 minutes, jusqu'à ce que les cookies soient cuits.

À la sortie du four, laissez les cookies reposer pendant 5 minutes sur la plaque avant de les poser sur une grille pour qu'ils refroidissent complètement.

POUR 2 PERSONNES / PRÉPARATION : 10 MINUTES / CUISSON : 6 À 8 MINUTES

gâteaux de galettes et sirop de framboise

Pour les galettes au son, il vous faut :

4 c. à s. de son d'avoine

2 c. à s. de son de blé

1 c. à c. de levure chimique

2 gros blancs d'œufs, battus légèrement

1 c. à s. de sucre non raffiné *

** Vous pouvez remplacer le sucre par autant de xylitol, ou 2 c. à c. de fructose ou de sirop d'agave, ou ½ c. à s. de stévia liquide.*

Pour le sirop à la framboise, il vous faut :

150 g de framboises fraîches ou surgelées

2 c. à s. de jus de citron jaune

2 c. à s. de sucre non raffiné *

** Vous pouvez remplacer le sucre par autant de xylitol, ou 1 ½ c. à s. de fructose ou de sirop d'agave, ou 1 c. à s. de stévia liquide.*

Pour servir

du yaourt grec maigre

Préparez le sirop. Mettez les framboises, le jus de citron et le sucre de votre choix dans une petite casserole, avec 2 cuillerées à soupe d'eau. Faite chauffer pendant 2 à 3 minutes à feu doux, jusqu'à ce que les framboises commencent à libérer leur jus. Réservez.

Préparez ensuite les galettes. Mélangez bien dans un saladier le son d'avoine, le son de blé, la levure, les blancs d'œufs et le sucre choisi.

Faites chauffer une grande poêle antiadhésive à feu moyen et déposez dans la poêle chaude des cuillerées à soupe de pâte en les espaçant largement et en les étalant légèrement pour former des petits disques. Faites-les cuire pendant environ 2 minutes, jusqu'à ce que le dessous soit doré, puis retournez les galettes et laissez-les dorer pendant 1 à 2 minutes. Faites glisser les petites galettes sur une assiette et maintenez-les au chaud pendant que vous faites cuire le reste de pâte.

Empilez les petites galettes encore chaudes sur deux assiettes et arrosez-les de sirop à la framboise. Servez accompagné de 1 cuillerée de yaourt.

POUR 1 PERSONNE / PRÉPARATION : 5 MINUTES / CUISSON : 5 MINUTES

porridge à la vanille

Il vous faut :
40 g de son d'avoine
25 cl de lait écrémé
½ gousse de vanille fendue
ou ½ c. à c. d'extrait de vanille

Pour servir, il vous faut :
2 c. à c. de miel*
** Vous pouvez remplacer le miel par autant de sirop d'agave, ou 1 c. à s. de stévia liquide.*

Mélangez le son d'avoine, le lait et la vanille dans une casserole et faites frémir pendant 5 minutes à feu doux, en remuant constamment.

Servez ce porridge dans un bol chaud, avec, éventuellement, un filet de miel, de sirop d'agave ou de stévia.

variante

Avant la cuisson, ajoutez une petite poignée de fruits rouges frais ou congelés.

Servez ce porridge avec des fruits rouges frais et 1 cuillerée de yaourt nature maigre.

Avant la cuisson, ajoutez une petite pomme (ou une petite poire) coupée en morceaux.

Remplacez la vanille par le zeste finement râpé de un demi-citron jaune ou par de la cannelle en poudre.

Remplacez la moitié du lait par de l'eau ou, pour une version sans lait de vache, utilisez du lait de soja.

POUR 2 VERRES / PRÉPARATION : 5 MINUTES / PAS DE CUISSON

smoothie énergétique

Il vous faut :

200 g de yaourt nature maigre

150 g de fruits rouges surgelés (framboises, fraises, cassis…)

2 c. à c. de miel*

3 glaçons pilés

10 cl de lait écrémé

1/2 c. à c. d'extrait de vanille

2 c. à s. de son d'avoine

2 fraises fraîches pour décorer (facultatif)

** Vous pouvez remplacer le miel par autant de xylitol, ou de sirop d'agave, ou 1 c. à s. de stévia liquide.*

Mixez tous les ingrédients dans un blender ou un robot pendant au moins 1 minute, jusqu'à obtention d'un mélange parfaitement lisse.

Répartissez le smoothie dans deux grands verres et servez aussitôt. Décorez avec quelques fraises fraîches, si c'est la saison.

POUR 4 PORTIONS / PRÉPARATION : 5 MINUTES / CUISSON : 1 H 10

muesli au son d'avoine

Il vous faut :

6 c. à s. de son d'avoine
1 œuf
2 c. à s. de yaourt nature maigre
2 c. à c. de sucre non raffiné*
1 c. à c. d'extrait de vanille ou d'amande (facultatif)

** Vous pouvez remplacer le sucre par autant de xylitol, ou 1 ½ c. à c. de fructose ou de sirop d'agave, ou 1 c. à c. de stévia liquide.*

Préchauffez le four à 120 °C (th. 4). Tapissez une grande plaque de cuisson de papier sulfurisé.

Mélangez soigneusement tous les ingrédients dans un grand saladier, puis étalez la préparation sur la plaque de cuisson en une couche uniforme.

Posez un morceau de papier sulfurisé sur le mélange pour éviter qu'il ne dore trop et faites cuire au four pendant 30 minutes.

Augmentez la température du four à 150 °C (th. 5). Morcelez la préparation avec une cuillère en bois et faites cuire pendant encore 20 à 30 minutes. Remuez le muesli au moins deux fois pendant la cuisson. S'il dore trop à votre goût, recouvrez-le avec un morceau de papier sulfurisé. En fin de cuisson, le muesli doit être sec et croustillant.

Laissez refroidir puis servez avec du lait écrémé bien froid et une petite poignée de graines de grenade. Ce muesli se conserve jusqu'à cinq jours dans un récipient hermétique.

variante

Un jour d'hiver, imprégnez de lait écrémé chaud une portion de muesli Laissez reposer pendant quelques minutes, remuez soigneusement et dégustez.

verrines au son croustillant, au yaourt et aux mûres

Pour la couche croustillante, il vous faut :

1 œuf

1 c. à s. de fromage frais allégé

4 c. à s. de son d'avoine

1 c. à s. de son de blé

1 c. à s. de fécule de maïs tamisée

1/2 c. à c. de levure chimique

2 c. à s. de sucre non raffiné*

** Vous pouvez remplacer le sucre par autant de xylitol, ou 1 ½ c. à s. de fructose ou de sirop d'agave, ou 1 c. à s. de stévia liquide.*

Pour les verrines, il vous faut :

250 g de mûres

2 c. à s. de sucre non raffiné*

1 blanc d'œuf

200 g de yaourt grec maigre

** Vous pouvez remplacer le sucre par autant de xylitol, ou 1 ½ c. à s. de fructose ou de sirop d'agave, ou 1 c. à s. de stévia liquide.*

Préchauffez le four à 190 °C (th. 6-7).

Tapissez une plaque de cuisson de papier sulfurisé.

Préparez le mélange croustillant. Versez tous les ingrédients dans un saladier et fouettez avec une cuillère en bois jusqu'à obtention d'un mélange lisse.

Déposez des cuillerées de pâte sur la plaque, en les espaçant, et faites cuire au four pendant 15 à 20 minutes, jusqu'à ce que le dessus soit doré. Laissez refroidir sur la plaque puis morcelez.

Pendant ce temps, mettez les mûres et la moitié du sucre de votre choix dans un bol, et écrasez le tout avec le dos d'une cuillère.

Laissez refroidir.

Fouettez le blanc d'œuf en neige ferme dans un autre bol parfaitement propre, puis incorporez le reste de sucre et le yaourt.

Alternez les couches de crème au yaourt, de son croustillant et de purée de mûres dans quatre petits verres. Servez aussitôt, avant que la couche croustillante ne s'imbibe de crème.

crumble à la rhubarbe

Pour le crumble, il vous faut :
1 c. à c. d'extrait de vanille
1/2 c. à c. de cannelle en poudre
6 c. à s. de son d'avoine
2 c. à s. de son de blé
2 c. à s. de sucre non raffiné*
1 œuf
* *Vous pouvez remplacer le sucre par autant de xylitol, ou 1 ½ c. à s. de fructose ou de sirop d'agave, ou 1 c. à s. de stévia liquide.*

Pour la rhubarbe, il vous faut :
200 g de rhubarbe parée
1/2 gousse de vanille fendue en deux dans la longueur
6 c. à s. de sucre non raffiné*
* *Vous pouvez remplacer le sucre par autant de xylitol, ou 4 c. à s. de fructose ou de sirop d'agave, ou 3 c. à s. de stévia liquide.*

Pour servir
yaourt nature maigre (facultatif)

Préchauffez le four à 180 °C (th. 6). Tapissez une grande plaque de cuisson de papier sulfurisé.

Mélangez dans un saladier tous les ingrédients du crumble, puis étalez ce mélange sur la plaque de cuisson.

Mettez au four et faites dorer pendant 10 à 15 minutes. À la sortie du four, mettez à refroidir puis cassez en petits morceaux. Laissez le four allumé.

Pendant ce temps, taillez la rhubarbe en tronçons de 4 cm que vous mettrez dans une casserole, avec 3 cuillerées à soupe d'eau, les graines de vanille (grattez la gousse avec la pointe d'un couteau) et le sucre de votre choix. Faites mijoter à feu doux pendant 5 à 10 minutes, jusqu'à ce que la rhubarbe soit fondante. Adaptez le temps de cuisson à l'épaisseur des tiges de rhubarbe.

Répartissez la rhubarbe et son jus dans deux grands ramequins ou tasses à thé, puis versez par-dessus le crumble au son. Avant de servir, réchauffez 5 minutes au four. Proposez éventuellement du yaourt en accompagnement.

Dépôt légal : mars 2010
ISBN : 978-2-501-06583-2
40 5726 1 - 01

Recettes : Alice Hart
Traduction : Catherine Vandevyvère
Préparation de copie : Dominique Montembault

Imprimé en Espagne par Graficas Estella